Clélia Pagani de Souza
Marinês Battisti

Deus criador

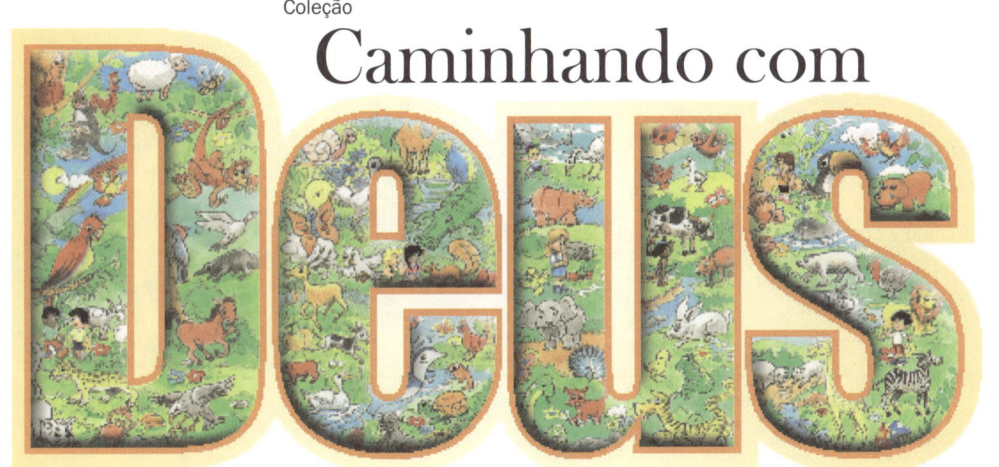

Coleção Caminhando com Deus

Coleção CAMINHANDO COM DEUS

IMPRIMATUR
Concedido em 18/11/2011

Dom Anuar Battisti
Arcebispo de Maringá

Educação Infantil
Volume 2

É terminantemente proibido reproduzir este livro total ou parcialmente por qualquer meio químico, mecânico ou outro sistema, seja qual for a sua natureza. Todo o desenho gráfico foi criado exclusivamente para este livro, ficando proibida a reprodução do mesmo, ainda que seja mencionada sua procedência.

Dados para catalogação
Bibliotecária responsável: Luciane Magalhães Melo Novinski
CRB 1253/9 – Curitiba, PR.

Souza, Clélia Pagani de

Caminhando com Deus: Deus criador, volume 2 / Clélia Pagani de Souza, Marinês Battisti; ilustrações: Cide Gomes – Curitiba : Base Editorial, 2011.
  96p. : il. ; 23 cm. – (Coleção Caminhando com Deus; v.2)

ISBN: 978-85-7905-870-7

1. Ensino religioso – Estudo e ensino. 2. Educação Infantil. I. Battisti, Marinês. II. Título. III. Série.

CDD (20ª ed.) 268

© 2011 – Base Editorial Ltda.

Coordenação editorial Jorge Martins
Coordenação pedagógica Eloiza Jaguelte Silva
Projeto gráfico e capa Cide Gomes
Ilustrações Cide Gomes
Revisão Lucy Myrian Chá
Finalização Solange Freitas de Melo

Base Editorial Ltda.
Rua Antônio Martin de Araújo, 343 – Jardim Botânico
CEP 80210-050 – Curitiba/PR
Tel.: 41 3264-4114 – Fax: 41 3264-8471
baseeditora@baseeditora.com.br – www.baseeditora.com.br

AMIGUINHOS!

SE OLHARMOS AO NOSSO REDOR,
VEREMOS COMO É LINDA A CRIAÇÃO DE DEUS!
VAMOS CONHECER MELHOR ESTA MARAVILHA
PARA PODERMOS CUIDAR DELA,
AGRADECER E VIVER BEM COM DEUS CRIADOR,
COM O OUTRO E COM A NATUREZA.

COM CARINHO, ABRAÇAMOS VOCÊS

As Autoras

VOLUME 2 – DEUS CRIADOR

DEUS CRIANDO AS PESSOAS.................5
- Somos únicos – criados à imagem e semelhança de Deus...................6
- Temos um nome..................9
- Estamos crescendo em comunidade......13
- As pessoas se comunicam por meio do corpo..................16
- O mundo é de todos..................20
- Viver a paz na comunidade..................24

DEUS CRIANDO AS PLANTAS E OS ANIMAIS..................27
- O mundo maravilhoso das plantas........28
- As frutas que nos alimentam...............33
- Os animais e a natureza..................35
- Francisco de Assis e a natureza............44

DEUS CRIANDO O UNIVERSO.................46
- O sol – fonte de vida..................48
- A água é vida..................51
- A terra – de onde brota nosso alimento..................55
- A lua e as estrelas iluminam nossas noites..................59
- O ar – precisamos dele para viver.........64

MEMÓRIAS QUE ME FAZEM CRESCER....68
- Campanha da Fraternidade..................69
- Páscoa – vida nova..................72
- Dia das Mães..................74
- Dia dos Pais..................76
- Natal..................78

ÁLBUM DE FIGURAS..................81

REFERÊNCIAS..................95

DEUS CRIANDO AS PESSOAS

SOMOS ÚNICOS – CRIADOS À IMAGEM E SEMELHANÇA DE DEUS

SOMOS A IMAGEM DE DEUS PORQUE SOMOS SEUS FILHOS. PARECEMOS COM ELE PORQUE PODEMOS AMAR, FAZER O BEM, PENSAR E CRIAR COISAS NOVAS.

VAMOS VIVER O AMOR PARA SERMOS CADA VEZ MAIS PARECIDOS COM DEUS?

QUAIS ATITUDES NOS FAZEM PARECIDOS COM DEUS?
PROCURE NO ÁLBUM DE FIGURAS E COLE NO CORAÇÃO.

VAMOS FAZER TEATRO?
TEMA: A CRIAÇÃO FAVORITA DE DEUS: VOCÊ
PERSONAGENS: MARI E DIOGO
CENÁRIO: EM FRENTE A UM ESPELHO

(TEXTO: TIA NININHA - DEPARTAMENTO INFANTIL - CANÇÃO NOVA - COM CORTES - TEXTO MODIFICADO)

(PODEMOS TERMINAR ESSE TEATRO APLAUDINDO UNS AOS OUTROS, POIS SOMOS A IMAGEM E SEMELHANÇA DE DEUS.)

TEMOS UM NOME

QUANDO NASCEMOS, RECEBEMOS UM NOME. COM ELE NOS DIFERENCIAMOS DAS OUTRAS PESSOAS. QUANDO ALGUÉM PRECISA DE NÓS, NOS CHAMA PELO NOME.

PEDRO!

MEU NOME É:

ESTA É A HISTÓRIA DO MEU NOME:

DEUS ME CHAMA PELO NOME!

VAMOS CANTAR O NOME DOS COLEGAS?
MÚSICA: MARCHA SOLDADO

COMO É BOM BRINCAR,
COMO É BOM VIVER,
OI,................................,
QUE BOM TE CONHECER!

(batendo palmas e mudando os nomes de acordo com a turma).

ESTAMOS CRESCENDO EM COMUNIDADE

NINGUÉM VIVE SOZINHO, TODOS PRECISAM DE AMIGOS E DE UMA COMUNIDADE. JESUS CONVIVIA COM MUITOS AMIGOS EM SUA COMUNIDADE, QUE ERAM OS APÓSTOLOS E OS DISCÍPULOS, E DESSA CONVIVÊNCIA FICOU SEU EXEMPLO DE RESPEITO E SOLIDARIEDADE.

DEVEMOS SER UM SINAL DA PRESENÇA DE DEUS EM NOSSA CONVIVÊNCIA.

OBRIGADO, JESUS, PELOS AMIGOS QUE ME AJUDAM A CRESCER.

VAMOS PINTAR AS BOAS ATITUDES QUE DEVEMOS TER EM UMA COMUNIDADE.

AS PESSOAS SE COMUNICAM POR MEIO DO CORPO

OLHANDO PARA MEU CORPO, DESCUBRO QUE POSSO SENTIR DEUS COMIGO, POSSO PERCEBER A NATUREZA CRIADA POR ELE E POSSO ME RELACIONAR COM OS OUTROS.

COM MEU CORPO POSSO MANIFESTAR AS MARAVILHAS DE DEUS!

COM MEUS OUVIDOS POSSO OUVIR OS SONS DA NATUREZA CRIADA POR DEUS.

DESENHE, OU RECORTE E COLE, UMA PAISAGEM COM OS DIFERENTES SONS DA NATUREZA.

OS SONS DA NATUREZA GLORIFICAM AO SENHOR!

COM MEUS OLHOS VEJO AS MARAVILHAS QUE DEUS FEZ PARA NÓS!

DESTAQUE DO ÁLBUM DE FIGURAS O QUE ESTÁ FALTANDO NO ROSTO ABAIXO E COLE, PARA COMPLETAR A FIGURA.

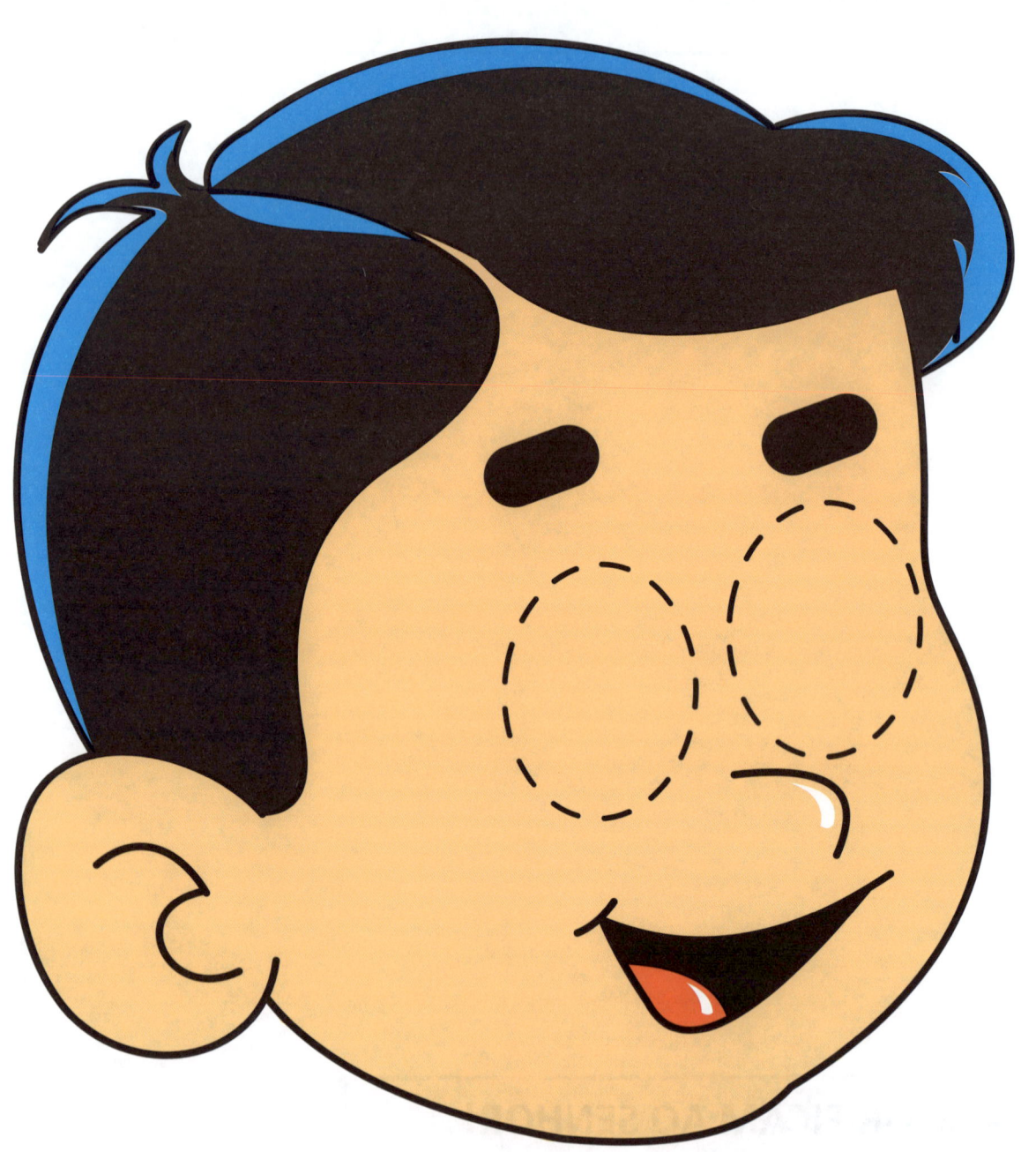

VAMOS CANTAR?

(MÚSICA: CIRANDA CIRANDINHA)

MEUS OLHINHOS VÃO ABRINDO

ENXERGANDO O CÉU E O MAR

CONTEMPLANDO A NATUREZA

COM OS AMIGOS VOU CANTAR.

OBRIGADO PAI DO CÉU

VEJO A LUZ E VEJO A COR

CANTO PARA AGRADECER

SUA CRIAÇÃO DE AMOR!

OBRIGADO, SENHOR, PELOS MEUS OLHINHOS!

COM MINHAS MÃOS POSSO MANIFESTAR MEUS AFETOS.
PROCURE, NO ÁLBUM DE FIGURAS, PALAVRAS QUE INDICAM O QUE AS MÃOS PODEM FAZER, E COLE AO REDOR DA MÃOZINHA.

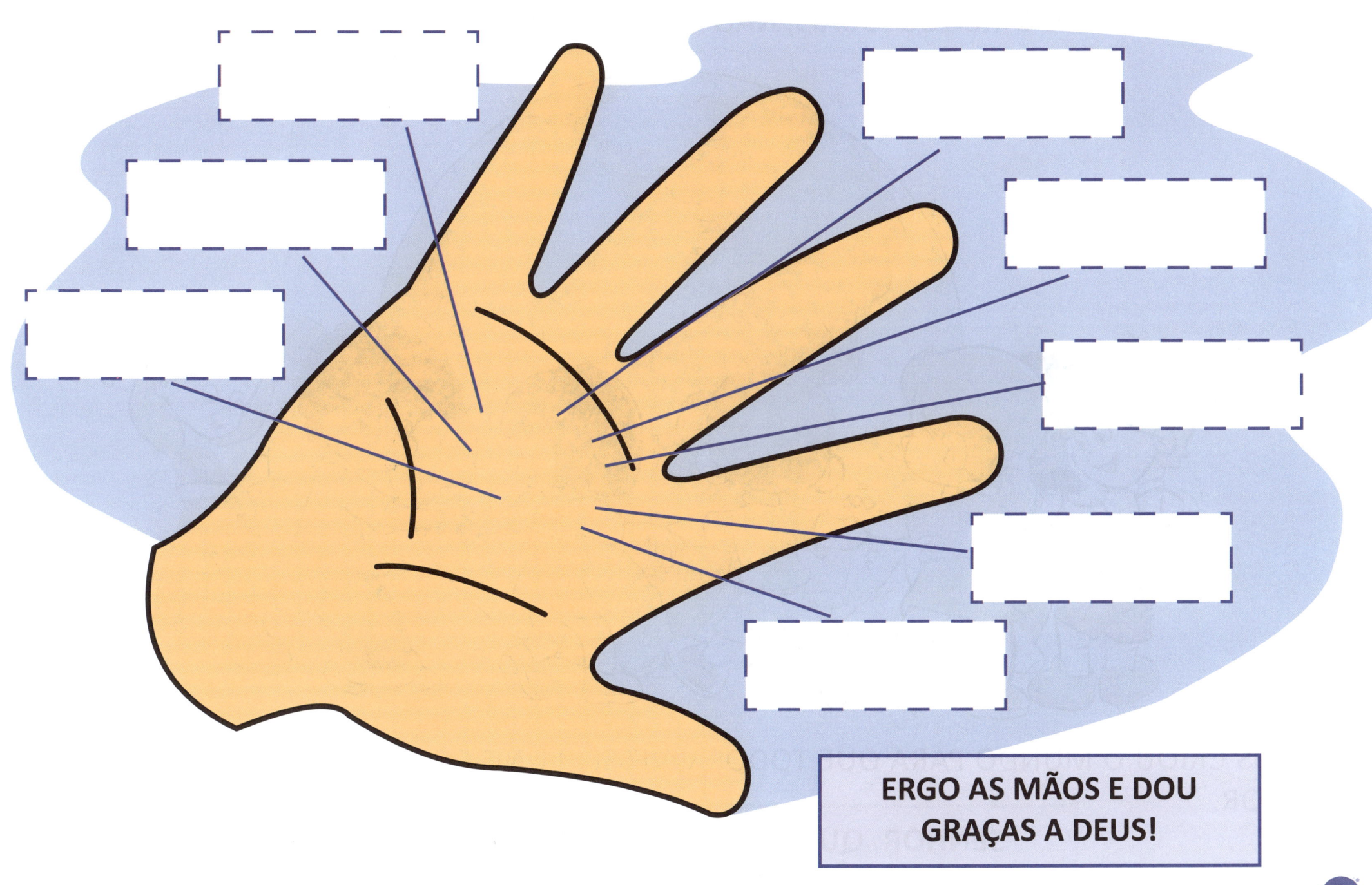

ERGO AS MÃOS E DOU GRAÇAS A DEUS!

O MUNDO É DE TODOS

TODOS NÓS TEMOS DIREITOS IGUAIS, NÃO IMPORTA A COR, A RAÇA, OU A POSIÇÃO SOCIAL.

DEUS CRIOU O MUNDO PARA QUE TODOS VIVESSEM UNIDOS E FELIZES, NA PARTILHA E NO AMOR.

SENHOR, QUERO VIVER A IGUALDADE COM TODOS.

QUEM NOS DÁ O MAIOR EXEMPLO DE COMO VIVER A IGUALDADE? VAMOS DESCOBRIR UNINDO OS PONTINHOS.

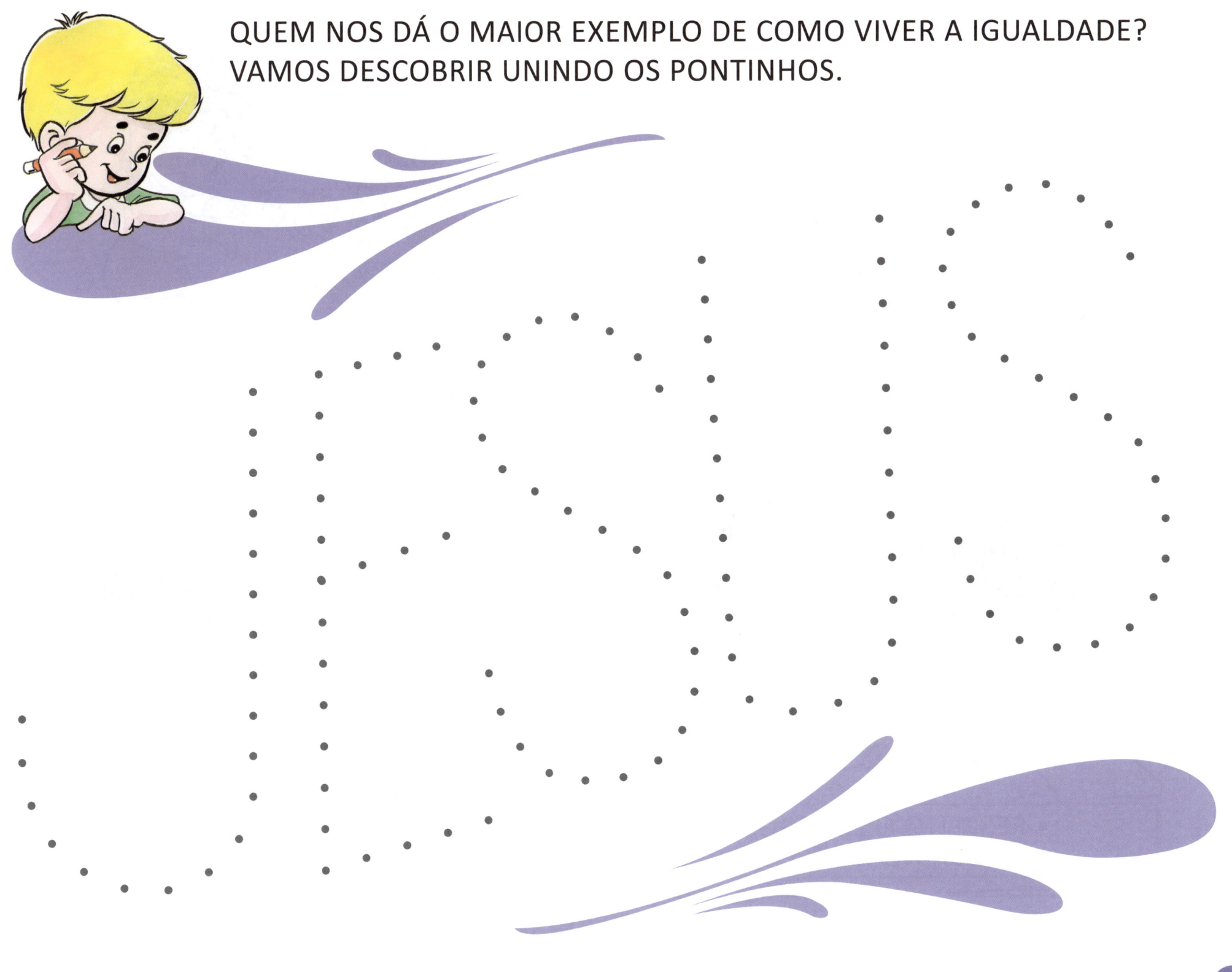

NO MUNDO, QUE É DE TODOS, PRECISAMOS VIVER A SOLIDARIEDADE.
SOU SOLIDÁRIO QUANDO:

- TRATO AS PESSOAS COM CARINHO.

- SEI PARTILHAR O QUE TENHO.

- RESPEITO OS OUTROS NAS BRINCADEIRAS.

- AJUDO E RESPEITO A MINHA FAMÍLIA.

SENHOR, QUERO SER SOLIDÁRIO COM TODOS.

USE A CRIATIVIDADE PARA DEIXAR AS CENAS QUE REPRESENTAM SOLIDARIEDADE MAIS BONITAS.

VIVER A PAZ NA COMUNIDADE

PRECISAMOS DE UM MUNDO ONDE TODOS VIVAM A PAZ. JESUS SEMPRE SAUDAVA AS PESSOAS COM AS SEGUINTES PALAVRAS: **"A PAZ ESTEJA COM VOCÊS"**.

VIVER A PAZ É RESPEITAR O OUTRO, É AJUDAR QUEM PRECISA. JESUS QUER UM MUNDO ONDE O AMOR E A PAZ SEJAM VIVIDOS.

NO MUNDO, QUE É DE TODOS, PRECISAMOS VIVER A PAZ.

A PAZ COMEÇA COM A BOA VONTADE HUMANA.
A PAZ COMEÇA COM A DISPOSIÇÃO PARA O AMOR SEM PRECONCEITOS.
A PAZ COMEÇA COM A SOLIDARIEDADE SINCERA.
A PAZ COMEÇA COM UM SORRISO!

MARCHA PELA PAZ.
DESTAQUE AS BANDEIRAS DO ÁLBUM DE FIGURAS E DISTRIBUA-AS ENTRE AS CRIANÇAS QUE FARÃO A MARCHA PELA PAZ.

O MUNDO MARAVILHOSO DAS PLANTAS

ENTRE OS PRESENTES MARAVILHOSOS QUE DEUS NOS DEU, ESTÃO AS PLANTAS. DELAS NÓS RETIRAMOS AS FLORES, OS FRUTOS, AS FOLHAS... ELAS PURIFICAM O AR, QUE É TÃO IMPORTANTE PARA NÓS. DEUS CRIOU UMA VARIEDADE MUITO GRANDE DE PLANTAS. UMAS SERVEM COMO ALIMENTO, OUTRAS, PARA EMBELEZAR A CRIAÇÃO.

FAZER UM PASSEIO PELO PÁTIO OU ARREDORES DA ESCOLA PARA QUE AS CRIANÇAS OBSERVEM AS PLANTAS ENCONTRADAS E AGRADEÇAM A DEUS POR ELAS.

EM RODA DE CONVERSA, PARTILHAR O QUE CADA UM VIU.

DESENHE O QUE VOCÊ OBSERVOU.

OBRIGADO, SENHOR, PELAS PLANTAS QUE PURIFICAM O AR QUE EU RESPIRO!

DEUS COLOCOU NA NATUREZA TUDO O QUE AS PLANTAS PRECISAM PARA VIVER. PROCURE ESSES ELEMENTOS NO ÁLBUM DE FIGURAS E COLE-OS NA ÁRVORE.

PINTE, DESTAQUE E MONTE A ÁRVORE.
VOCÊ PODE PRESENTEAR ALGUÉM COM AS MENSAGENS QUE ESTÃO CONTIDAS NELA.

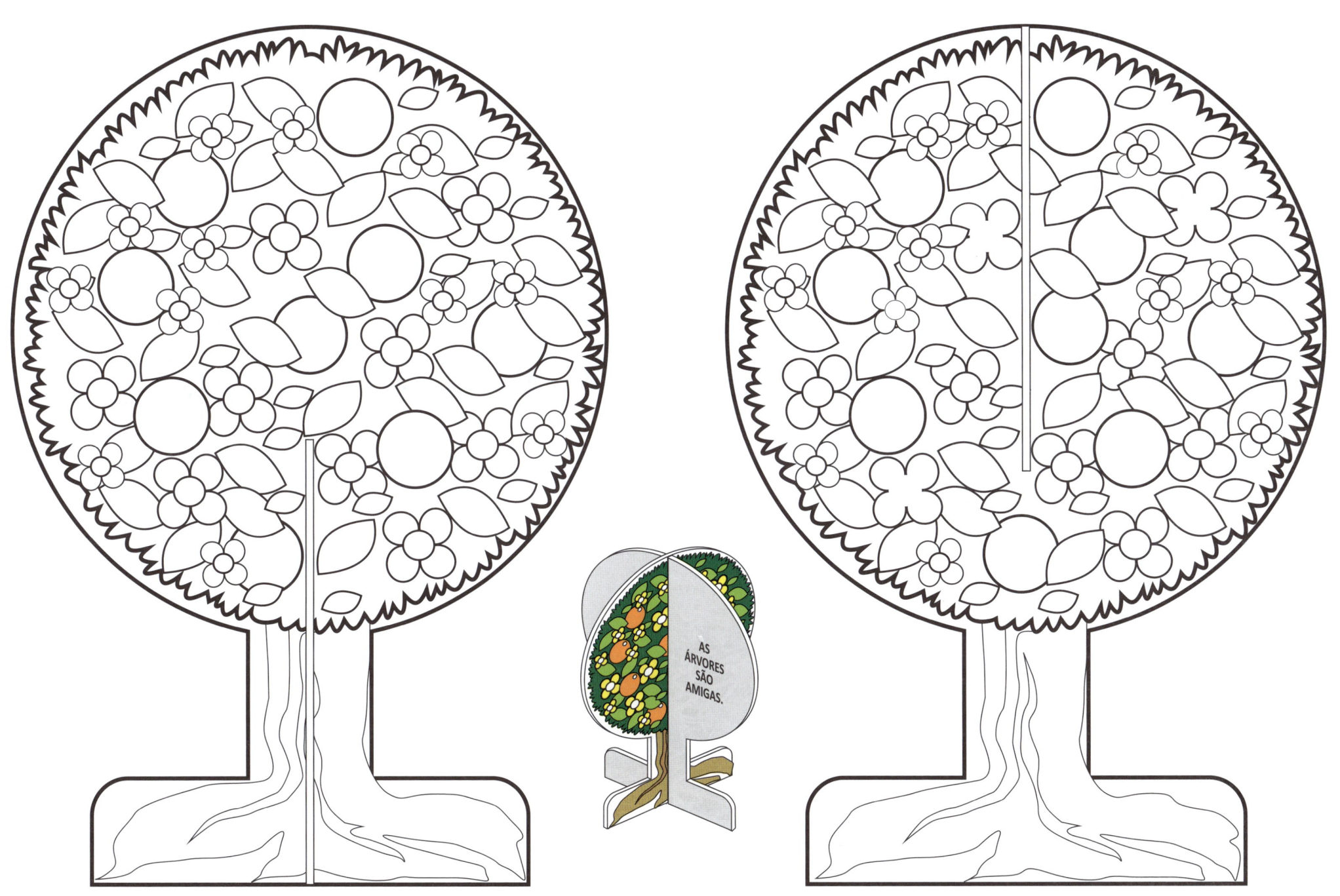

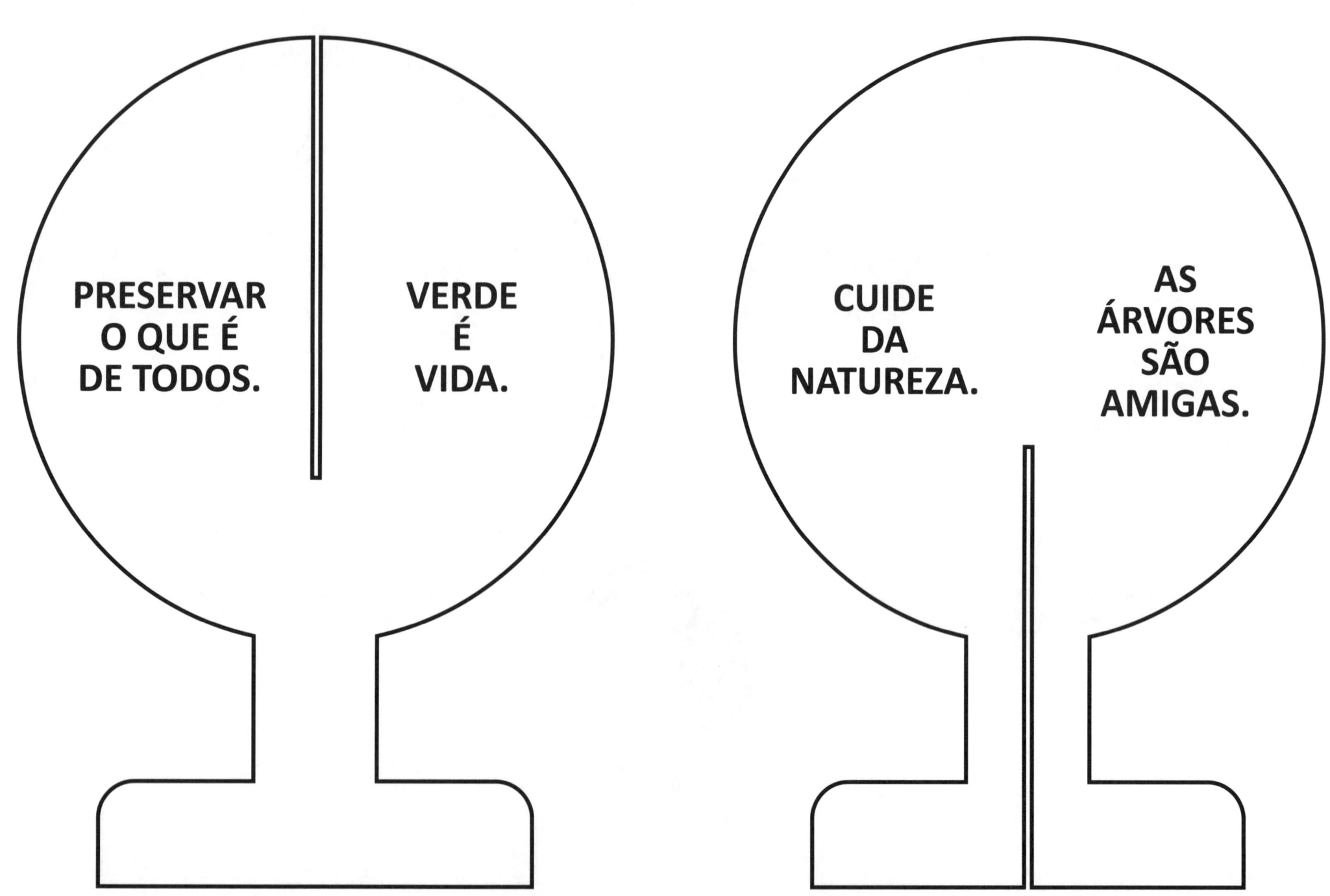

AS FRUTAS QUE NOS ALIMENTAM

DEUS FOI TÃO BOM AO CRIAR A NATUREZA, QUE TODOS PODEM TIRAR DELA O SUSTENTO DE CADA DIA. VEJA QUANTA VARIEDADE DE FRUTAS EXISTE NA NATUREZA.

SOB A TERRA, A SEMENTINHA ACORDOU PEDINDO ÁGUA.
A CHUVA CAIU E LOGO SURGIU UM BROTINHO.
A RAIZ MANDAVA O ALIMENTO TIRADO DA TERRA.
AS FLORES ABRIRAM E CAÍRAM, MAS NO SEU LUGAR FRUTOS FICARAM.

BRAIDO, Eunice. **A semente e o fruto**. FTD, 2001. (Coleção Vira-vira)

DESTAQUE AS FRUTAS DO ÁLBUM DE FIGURAS E COMPLETE A CESTA COM VALORES E ATITUDES QUE DEVEMOS TER EM RELAÇÃO ÀS PESSOAS.

OS ANIMAIS E A NATUREZA

DEUS É MARAVILHOSO E, NA SUA INFINITA BONDADE, CRIOU OS ANIMAIS. PARA CADA ANIMAL ELE RESERVOU UM LUGAR. POR ISSO HÁ:

OS QUE MORAM NA ÁGUA;

OS QUE VOAM;

E OS QUE VIVEM NA TERRA.

OS ANIMAIS DOMÉSTICOS E OS ANIMAIS SELVAGENS, CADA UM TEM SUA FUNÇÃO NA NATUREZA. SE CUIDARMOS DELES ELES TAMBÉM CUIDAM DE NÓS.

SENHOR, OBRIGADO PELOS ANIMAIS, QUE SÃO OBRA DA SUA CRIAÇÃO DE AMOR.

OS ANIMAIZINHOS ESTÃO PROCURANDO SUAS CASAS. VAMOS AJUDÁ-LOS, LIGANDO. DEPOIS, PINTE OS DESENHOS.

DESENHE O ANIMAL DE QUE VOCÊ MAIS GOSTA.
CONVERSE COM SEUS AMIGOS SOBRE OS CUIDADOS QUE PRECISAMOS TER COM OS ANIMAIS.

ANIMAIS, GRANDES E PEQUENOS, LOUVAI AO SENHOR!

DESTAQUE AS FIGURAS DO ÁLBUM PARA COMPLETAR A PAISAGEM.

É DEVER DE TODOS CUIDAR DA NATUREZA!
OBRIGADO, SENHOR, PELOS ANIMAIS DA CRIAÇÃO!

COM A ORIENTAÇÃO DO PROFESSOR, MONTE A CARA DO GATO COM DOBRADURA E DESENHE O QUE FALTA.

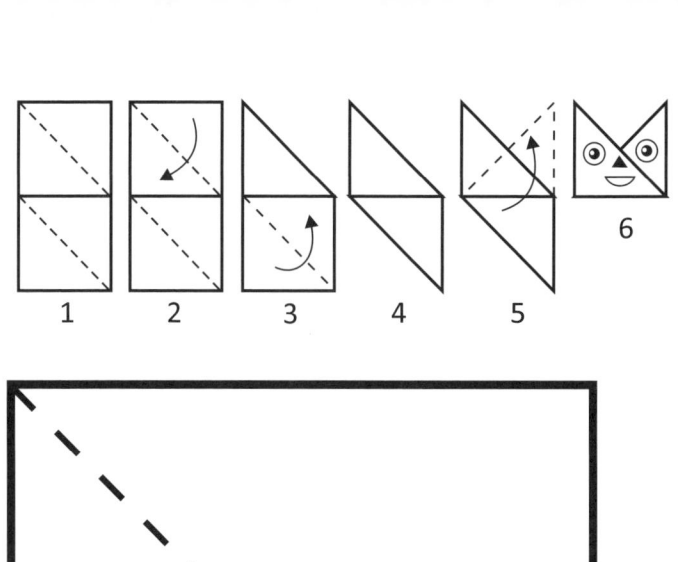

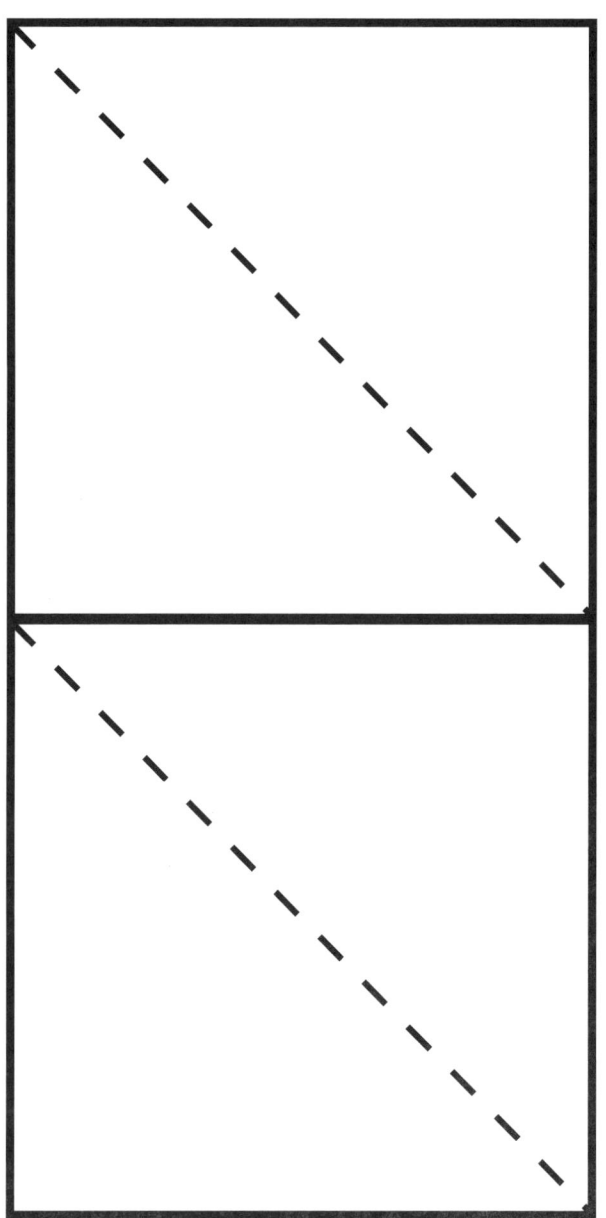

COLE PEDACINHOS DE PAPEL COLORIDO PARA ENFEITAR A TARTARUGA.

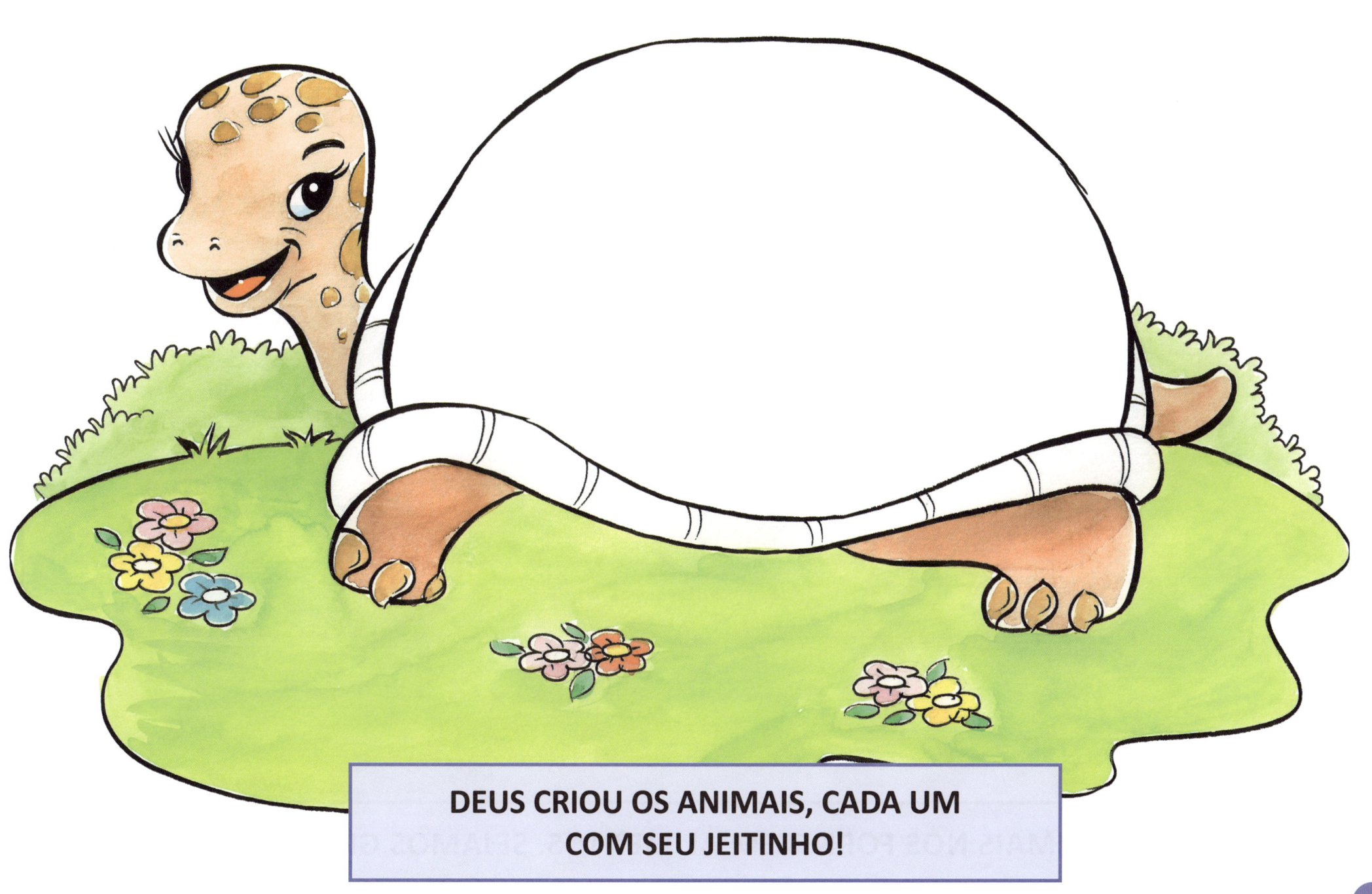

DEUS CRIOU OS ANIMAIS, CADA UM COM SEU JEITINHO!

JESUS ALIMENTOU A TODOS COM CINCO PÃES E DOIS PEIXES. OUÇA A HISTÓRIA BÍBLICA QUE O PROFESSOR VAI CONTAR (Mateus: 14, 13-21).

FAÇA UMA ILUSTRAÇÃO DA HISTÓRIA. VOCÊ PODE USAR AS FIGURAS DO ÁLBUM PARA COMPLETÁ-LA.

OS ANIMAIS NOS FORNECEM ALIMENTOS. SEJAMOS GRATOS.

DEUS CRIOU OS ANIMAIS. ELES CONTRIBUEM PARA A HARMONIA DA NATUREZA.
PRECISAMOS CUIDAR BEM DELES!

FRANCISCO DE ASSIS E A NATUREZA

FRANCISCO DE ASSIS FOI UMA PESSOA QUE SE ASSEMELHOU MUITO A JESUS. VIVEU O EVANGELHO DE AMOR PARA OS POBRES E PARA A NATUREZA.
COMO UM GRANDE GIRASSOL, FRANCISCO CRESCEU SEMPRE VOLTADO PARA DEUS.
O MUNDO É A GRANDE PLANTAÇÃO DE DEUS.
SEJAMOS COMO FRANCISCO DE ASSIS. VAMOS SEMEAR A PAZ, O AMOR, A ALEGRIA, O PERDÃO E A PACIÊNCIA.

VAMOS FAZER COMO FRANCISCO DE ASSIS: PLANTAR A SEMENTE DO BEM.
NO ÁLBUM DE FIGURAS, VOCÊ VAI ENCONTRAR AS PÉTALAS QUE COMPLETAM O GIRASSOL, COM O NOME DAS "SEMENTES"
QUE DEVEMOS SEMEAR.

DEUS CRIANDO O UNIVERSO

NO PRINCÍPIO DEUS CRIOU O CÉU E A TERRA!
(Gen.: 1,1)

O SOL – FONTE DE VIDA

PARA DAR LUZ E VIDA A TUDO QUE EXISTE NA TERRA, DEUS CRIOU UMA ESTRELA MAIOR, QUE SE CHAMA SOL.

SEM O SOL ESTE MUNDO SERIA FRIO E ESCURO E NÃO HAVERIA VIDA NELE.

COM O SOL TUDO FICA MAIS BONITO:

- AS PLANTAS CRESCEM.
- OS PÁSSAROS CANTAM.
- AS FLORES DESABROCHAM.
- O SER HUMANO VIVE MAIS FELIZ.

DESENHE O QUE VOCÊ GOSTA DE FAZER NUM LINDO DIA DE SOL.

E DEUS DISSE: FAÇA-SE A LUZ!
E A LUZ SE FEZ. E DEUS VIU QUE A LUZ ERA BOA!
E CHAMOU A LUZ DE DIA!!! (Gen.: 1,3-5)

VAMOS CANTAR?

UM RAIO DE SOL

UM RAIO DE SOL A BRILHAR,
BEM DENTRO DE TI
TU PODES A VIDA ACORDAR
E SER BEM FELIZ.
AMOR E CARINHO DE DEUS
CHEGANDO EM SEU CORAÇÃO
E QUER SE ESPALHAR, E QUER SE ESPALHAR
POR TODO O IRMÃO.

Um raio de sol. In: Bonita arte de Deus. V. 1. Pequenos cantores de Apucarana. Faixa 2 Paulinas - Comep, 1998.

A ÁGUA É VIDA

NO UNIVERSO CRIADO POR DEUS, UM OUTRO PRESENTE DADO POR ELE É A ÁGUA, FONTE DE VIDA, ENERGIA E SAÚDE PARA TODOS. DEUS QUER QUE TODOS NÓS SEJAMOS PRESERVADORES DOS RIOS E DOS LAGOS, POIS SEM ELES NÃO TEREMOS VIDA NA TERRA.

**SENHOR, OBRIGADO PELA ÁGUA PURA.
QUEREMOS PRESERVÁ-LA PARA TERMOS VIDA.**

OBSERVE AS IMAGENS E, NA RODA DE CONVERSA, DISCUTA COM OS COLEGAS SOBRE ELAS.

- ELAS PREOCUPAM VOCÊ? POR QUÊ?
- O QUE VOCÊ FARIA PARA MODIFICAR ESSAS CENAS?
- NA SUA CASA, COMO VOCÊ E SUA FAMÍLIA CUIDAM DA ÁGUA?

PODEMOS AJUDAR A PRESERVAR A ÁGUA NA NATUREZA COM PEQUENOS CUIDADOS COMO:

RECORTE AS FIGURAS NO ÁLBUM E COLE DE ACORDO COM O TEXTO:

REGAR AS PLANTAS À NOITE OU PELA MANHÃ.

NÃO DEIXAR O CHUVEIRO LIGADO ENQUANTO ESTIVER SE ENSABOANDO.

DEIXAR A TORNEIRA FECHADA ENQUANTO ESCOVA OS DENTES.

NÃO LAVAR O CARRO COM MANGUEIRA. USAR O BALDE.

VARRER A CALÇADA ANTES DE JOGAR ÁGUA.

A BÍBLIA FALA DA GENEROSIDADE DE DEUS AO NOS DAR O PRESENTE DA ÁGUA. FAÇA UMA LINDA MOLDURA NESTE SALMO.

DEUS TRANSFORMOU O DESERTO EM FONTES DE ÁGUA E A TERRA SECA EM ÁGUA ABUNDANTE!

(Salmo: 106,35)

A TERRA – DE ONDE BROTA NOSSO ALIMENTO

E DEUS DISSE: PRODUZA A TERRA ERVA VERDE, QUE DÊ SEMENTE E ÁRVORES FRUTÍFERAS, QUE DEEM FRUTOS SEGUNDO SUA ESPÉCIE!

(Gen. 1,11)

A TERRA ESTÁ PREPARADA. VAMOS PLANTAR A BOA SEMENTE?
REPRESENTE AS PLANTINHAS NASCENDO, DA MANEIRA COMO VOCÊ QUISER.

QUEM AMA, CUIDA!

O QUE PODEMOS FAZER PARA NÃO POLUIR NOSSA TERRA? PROCURE AS ILUSTRAÇÕES NO ÁLBUM DE FIGURAS.

SEPARAR O LIXO	COMPRAR BRINQUEDOS DURÁVEIS
NÃO JOGAR LIXO NA RUA	REUTILIZAR EMBALAGENS

CONSTRUINDO UM TERRÁRIO COM A TURMA.
O PROFESSOR VAI DETERMINAR O QUE CADA UM DEVERÁ TRAZER PARA A ESCOLA:

- UM AQUÁRIO PEQUENO COM TAMPA (OU SIMILAR);
- ARGILA PARA PLANTAS;
- CASCALHO GROSSO;
- AREIA;
- TERRA FÉRTIL;
- MUSGOS, AVENCAS, FUNGOS E MINHOCAS;
- PEDRAS PEQUENAS E GALHOS SECOS.

COMO FAZER:

- LIMPEM BEM O RECIPIENTE DE VIDRO.
- COLOQUEM CAMADAS DE MAIS OU MENOS 2 CENTÍMETROS DE ESPESSURA, SEGUINDO A ORDEM: ARGILA, CASCALHO, AREIA, TERRA FÉRTIL EQUIVALENTE A 2 CAMADAS, COM 4 CENTÍMETROS DE ESPESSURA.
- ESPALHEM PEDRAS E GALHOS SECOS, MUSGOS E FUNGOS.
- PLANTEM OS VEGETAIS ESCOLHIDOS E COLOQUEM AS MINHOCAS.
- REGUEM PARA UMEDECER BEM A TERRA.
- COLOQUEM A TAMPA.
- ABRAM O TERRÁRIO DIARIAMENTE.

OBRIGADO, SENHOR, PELA TERRA DE ONDE BROTA A VIDA!

A LUA E AS ESTRELAS ILUMINAM NOSSAS NOITES

E DEUS DISSE:

SEJAM FEITOS LUZEIROS NO FIRMAMENTO DO CÉU E ILUMINEM A TERRA. COLOCOU O SOL PARA ILUMINAR O DIA. A LUA E AS ESTRELAS PARA ILUMINAREM A NOITE.

(LIVRO DE GÊNESIS)

DEUS VIU QUE TUDO ERA BOM!

DESENHE OU COLE FIGURAS QUE REPRESENTAM O QUE VOCÊ MAIS GOSTA DE FAZER À NOITE.

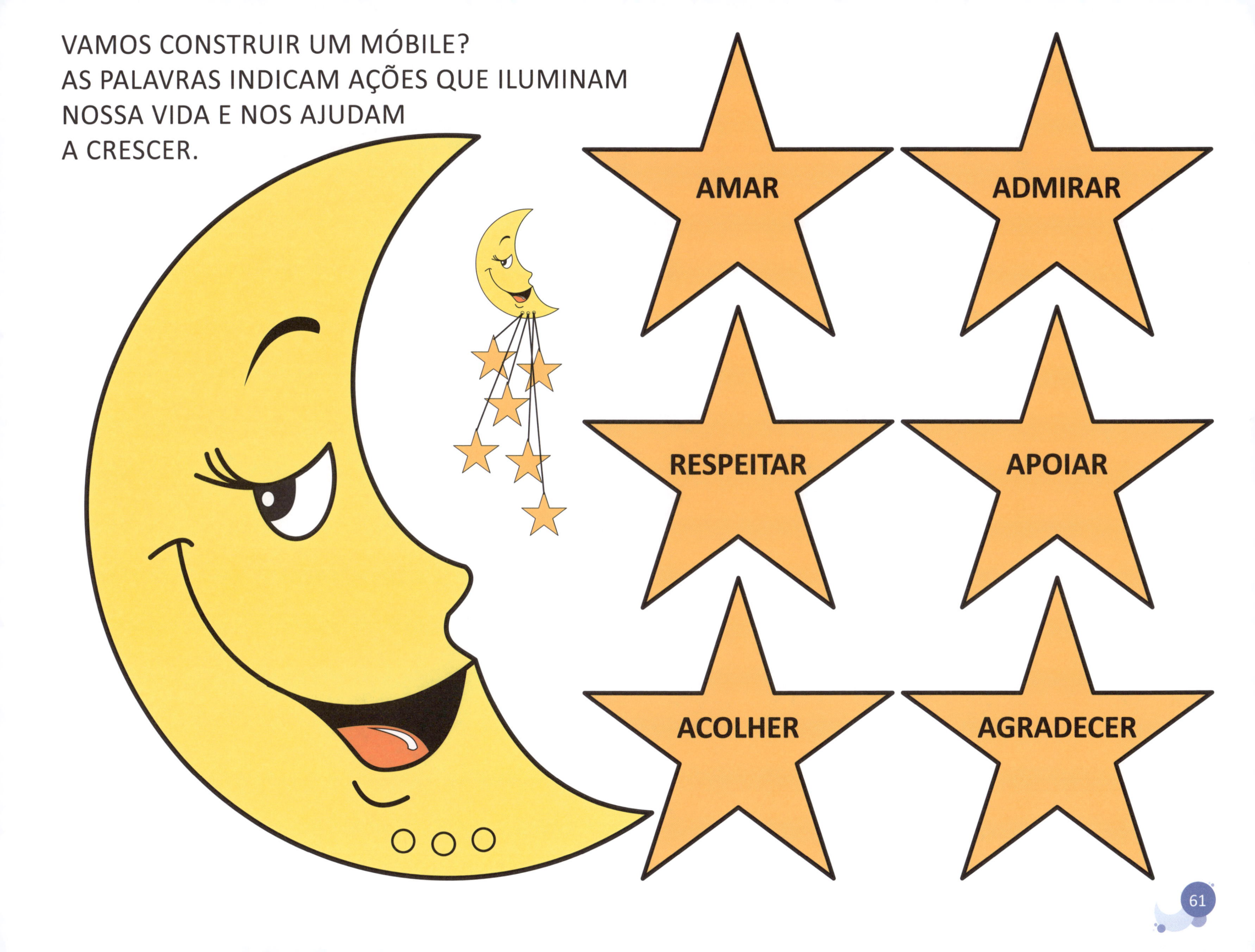

VAMOS CONSTRUIR UM MÓBILE?
AS PALAVRAS INDICAM AÇÕES QUE ILUMINAM NOSSA VIDA E NOS AJUDAM A CRESCER.

- AMAR
- ADMIRAR
- RESPEITAR
- APOIAR
- ACOLHER
- AGRADECER

VAMOS REZAR ANTES DE DORMIR?

MEU ANJO DA GUARDA, MEU BOM AMIGUINHO, ME LEVA SEMPRE PELO BOM CAMINHO!

O AR – PRECISAMOS DELE PARA VIVER

O AR É FUNDAMENTAL PARA A VIDA DAS PESSOAS, PLANTAS E ANIMAIS. OS SERES VIVOS USAM O AR PARA RESPIRAR. POR ISSO ELE PRECISA SER PURO.

DEUS CRIOU A NATUREZA BELA E PURA. VAMOS PRESERVÁ-LA?

VAMOS BRINCAR COM O VENTO?
ENQUANTO BRINCAMOS VAMOS AGRADECENDO A DEUS PELO AR QUE RESPIRAMOS.

EU RESPEITO A NATUREZA!

DEUS FEZ O MUNDO BONITO!

OBRIGADO, SENHOR, PELO AR QUE RESPIRO!

VAMOS CUIDAR DO AR?

ENQUANTO BRINCAMOS, VAMOS AGRADECENDO A DEUS PELO AR QUE RESPIRAMOS

PINTE AS REPRESENTAÇÕES QUE PURIFICAM O AR E FAÇA UM X NAS QUE POLUEM.

COM A AJUDA DO PROFESSOR, MONTEM UM MURAL COM FIGURAS QUE MOSTREM ONDE O AR É PURO E ONDE O AR É POLUÍDO. DIVIDAM O MURAL EM DUAS PARTES.

MEMÓRIAS QUE ME FAZEM CRESCER

1ª MEMÓRIA

CAMPANHA DA FRATERNIDADE

FRATERNIDADE É:

- SER AMIGO.
- AJUDAR OS QUE NECESSITAM.
- AMAR A TODOS.

JESUS NOS QUER FRATERNOS E SOLIDÁRIOS E NOS ENSINA: "AMAI-VOS UNS AOS OUTROS COMO EU VOS AMEI". (JO. 13,34).

SENHOR, QUERO VIVER O TEU AMOR COM TODAS AS PESSOAS.

VAMOS FAZER UM DESENHO OU COLAGEM QUE REPRESENTA O TEMA DA CAMPANHA DA FRATERNIDADE DESTE ANO?

PINTE AS PLACAS QUE ENSINAM O QUE É SER FRATERNO.

- AMAR
- AJUDAR
- BRIGAR
- ACARICIAR
- SER SOLIDÁRIO
- BATER

2ª MEMÓRIA

PÁSCOA - VIDA NOVA

PÁSCOA É TEMPO DE ALEGRIA E VIDA NOVA. JESUS ESTÁ VIVO! DESENHE, NO ESPAÇO ABAIXO, A SUA PÁSCOA.

FESTEJAR A PÁSCOA É VIVER O AMOR!

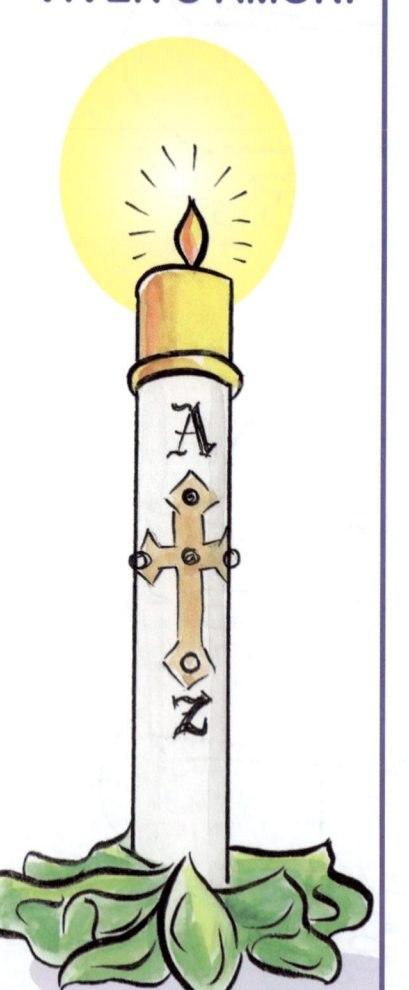

SENHOR, QUERO VIVER A ALEGRIA DA RESSURREIÇÃO.

O OVO DA PÁSCOA É O SÍMBOLO DA VIDA. VAMOS COBRIR OS PONTILHADOS, COLANDO PAPEL COLORIDO, PARA DEIXÁ-LO BEM BONITO.

3ª MEMÓRIA

DIA DAS MÃES

MÃE É PRESENTE DE DEUS.
É DEDICAÇÃO, É CARINHO, É AMOR.

JESUS TAMBÉM TEVE MÃE, QUE É A NOSSA MÃE DO CÉU. ELA NOS ENSINA QUE DEVEMOS RESPEITAR E OBEDECER A NOSSA MÃE.

> SENHOR, QUERO AMAR SEMPRE MINHA MÃE.

VAMOS COLORIR?

MÃE!
A VOCÊ, MEU AMOR E MEU CARINHO!

4ª MEMÓRIA

DIA DOS PAIS

PAI É:

FORÇA...

PROTEÇÃO...

AFETO...

CARINHO...

HOMEM COM VIRTUDES E LIMITES SEMPRE PRONTO A MOSTRAR O CAMINHO.
PAI QUE AMA, SE IMPORTA E CUIDA MOSTRA AO FILHO, SEMPRE, O BOM CAMINHO.

JESUS, ABENÇOE E PROTEJA TODOS OS PAIS DO MUNDO.

VAMOS DEIXAR A MENSAGEM DO PAPAI BEM BONITA.

PAPAI:
EU QUERO LHE DIZER LINDAS PALAVRAS. MAS COMO SOU PEQUENINO, SÓ POSSO DIZER BEM BAIXINHO: "VOCÊ MORA NO MEU CORAÇÃO".

5ª MEMÓRIA

NATAL

O NATAL É A CELEBRAÇÃO DA VINDA DE JESUS, QUE TROUXE O VERDADEIRO AMOR E A FRATERNIDADE ENTRE AS PESSOAS.

OBRIGADO, SENHOR, POR VOCÊ NASCER CRIANÇA. EU TAMBÉM SOU CRIANÇA. CONSERVE PURO O MEU CORAÇÃO.

O SINO QUER ANUNCIAR O ANIVERSÁRIO DE JESUS.
USE A CRIATIVIDADE PARA COMPLETÁ-LO.

É NATAL! VAMOS ENFEITAR A ÁRVORE PARA ESPERAR A CHEGADA DO MENINO JESUS.

ÁLBUM DE FIGURAS

Atividade pág. 7

Atividade pág. 18

Atividade pág. 15

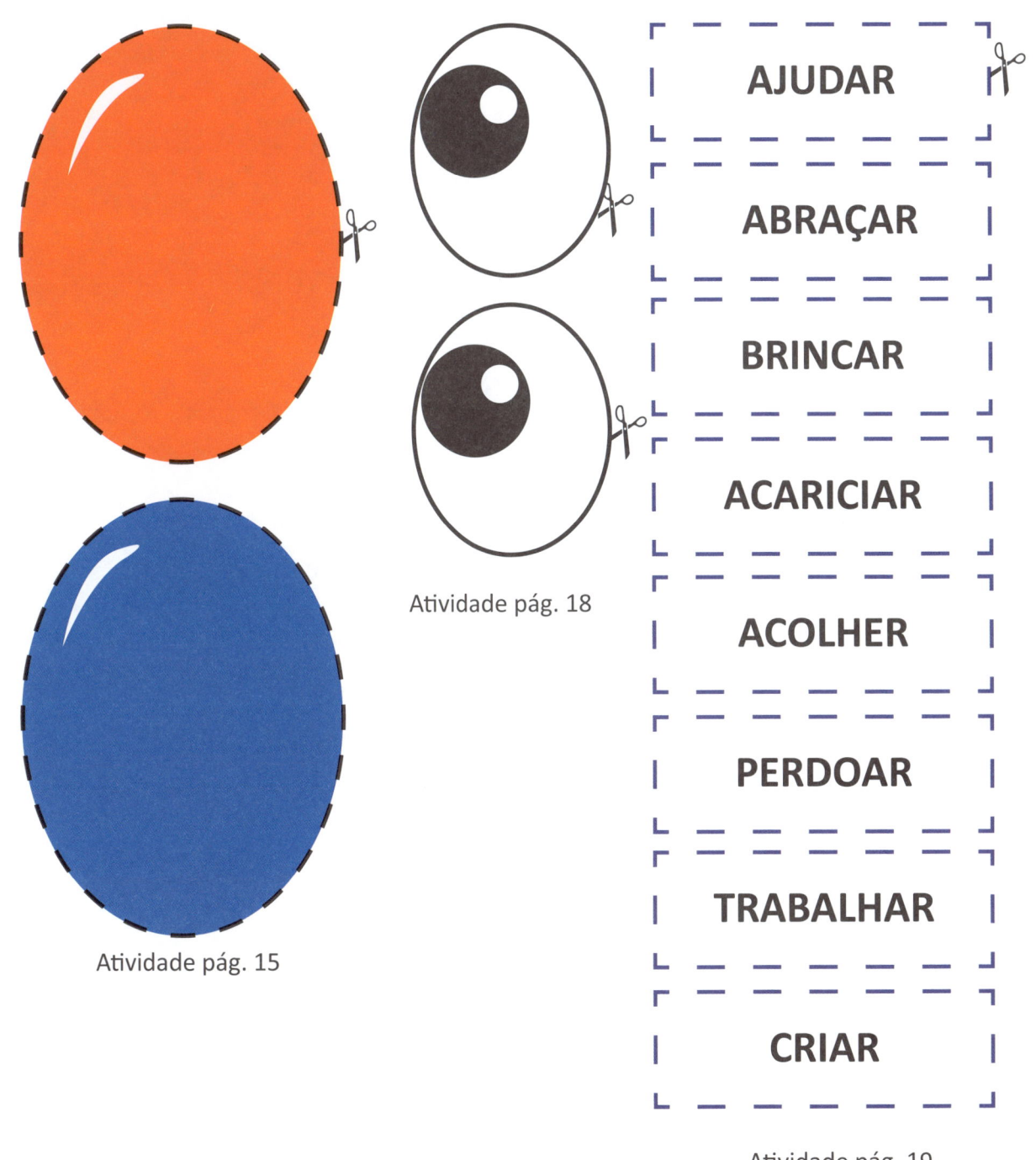

AJUDAR

ABRAÇAR

BRINCAR

ACARICIAR

ACOLHER

PERDOAR

TRABALHAR

CRIAR

Atividade pág. 19

85

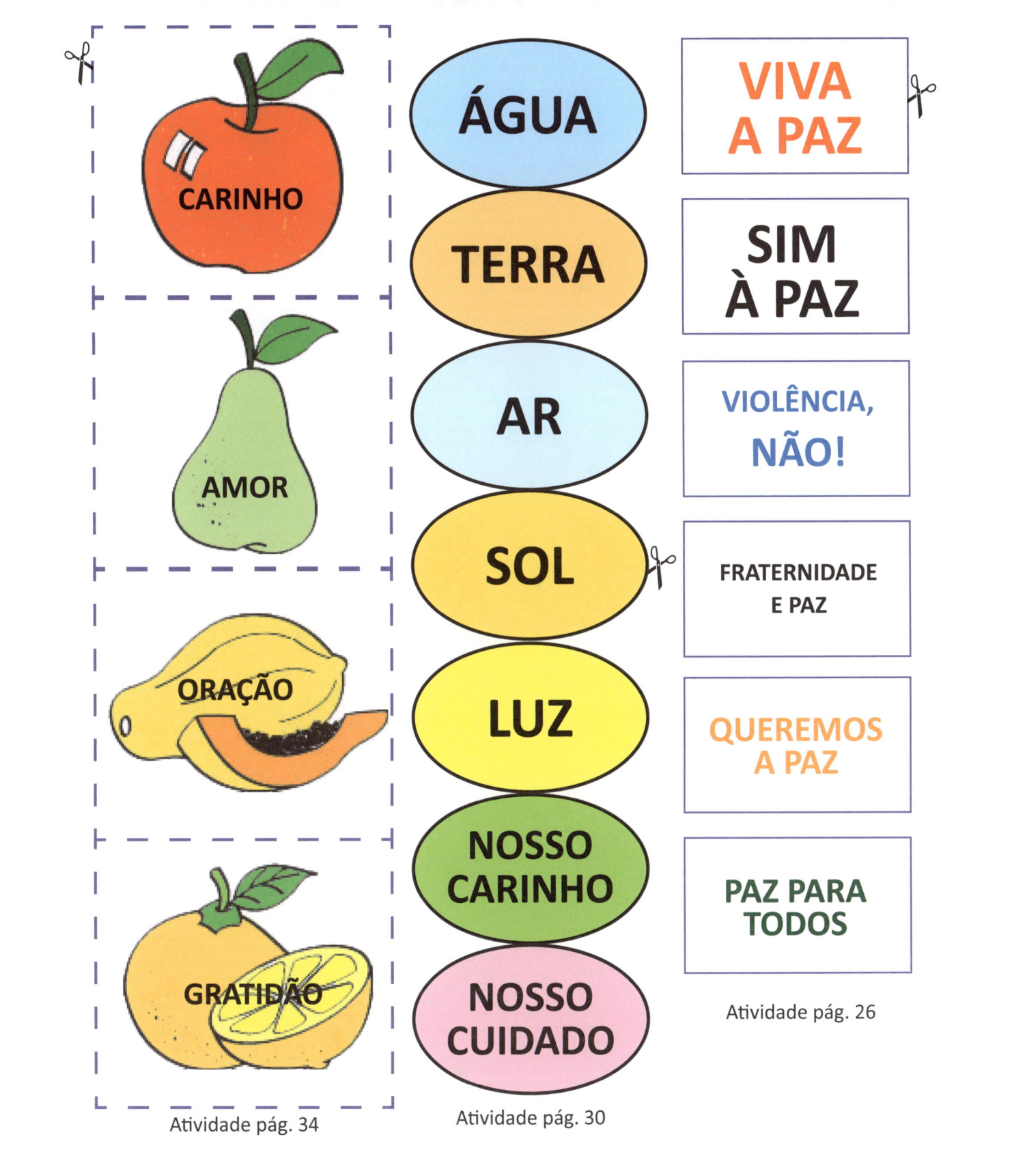

CARINHO

AMOR

ORAÇÃO

GRATIDÃO

Atividade pág. 34

ÁGUA

TERRA

AR

SOL

LUZ

NOSSO CARINHO

NOSSO CUIDADO

Atividade pág. 30

VIVA A PAZ

SIM À PAZ

VIOLÊNCIA, NÃO!

FRATERNIDADE E PAZ

QUEREMOS A PAZ

PAZ PARA TODOS

Atividade pág. 26

Atividade pág. 38

Atividade pág. 53

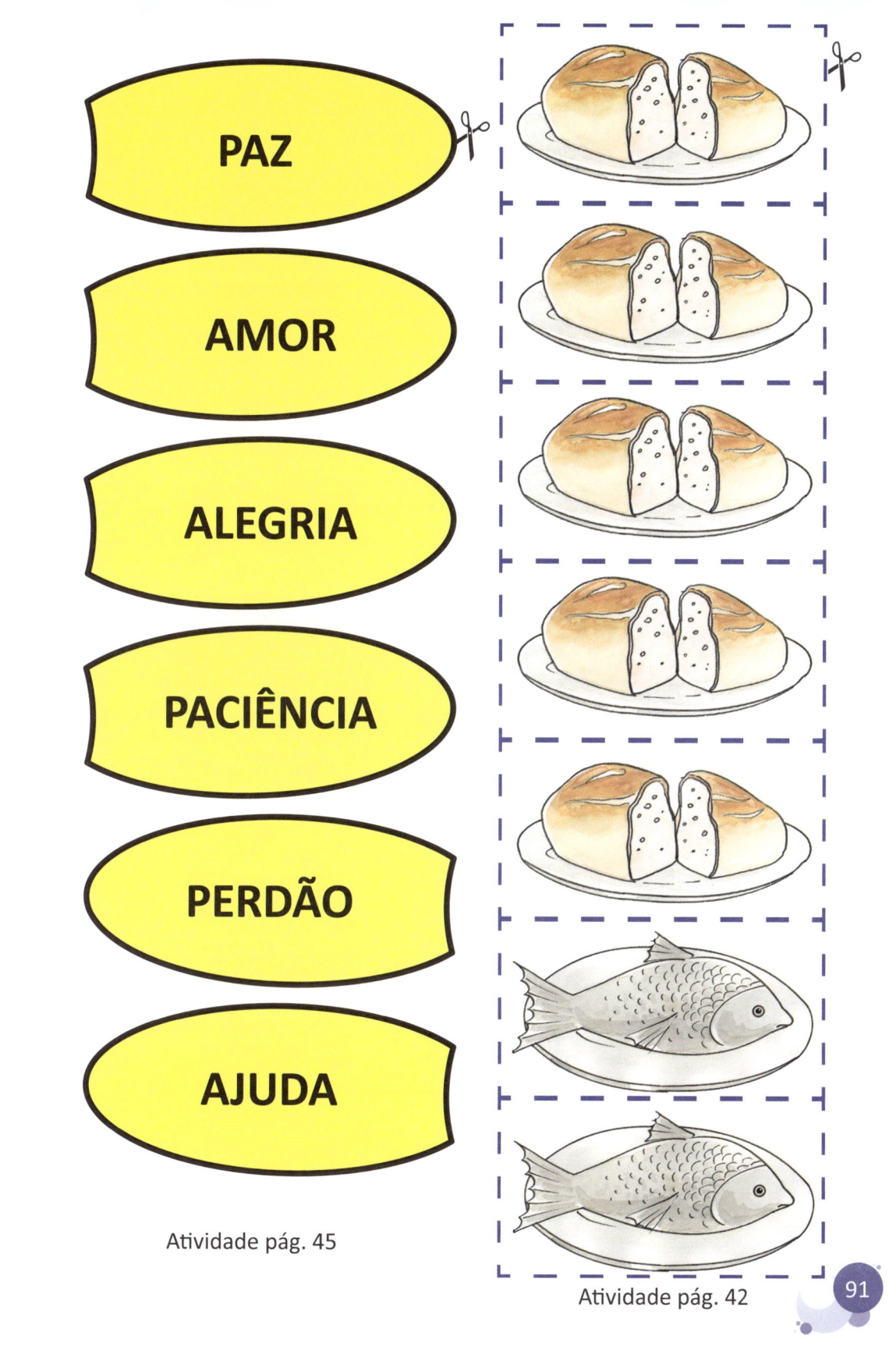

PAZ

AMOR

ALEGRIA

PACIÊNCIA

PERDÃO

AJUDA

Atividade pág. 45

Atividade pág. 42

91

Atividade pág. 57

Atividade pág. 53

93

REFERÊNCIAS

ABC da Bíblia. **A Linguagem Bíblica**. Centro Bíblico de Belo Horizonte. 43 ed. Paulus: Belo Horizonte, 2010.

ARTE DE VIVER. **A Alegria de ser uma pessoa com dignidade**. v.1. Betuel Cano. Paulinas: São Paulo, 2008.

BATCHELOR, Mary; HAYSOM, John. **Bíblia em 365 histórias**. 2.ed. Paulinas: São Paulo, 2011.

BÍBLIA SAGRADA. Tradução da CNBB.

CARMO, Solange Maria do; SILVA. Pe. Orione. **Somos Povo de Deus**. Paulus: São Paulo, 2008.

CNBB. Projeto Nacional de Evangelização. **Iniciação à leitura bíblica**. 1. ed. Brasília, 2009.

CRUZ, Terezinha Motta Lima da. **Ecumenismo**: conteúdo ou catequese? 3.ed. Paulus: São Paulo, 2006.

EQUIPE NACIONAL DA DIMENSÃO BÍBLICO CATEQUÉTICA. **Como nossa igreja lê a Bíblia**. Catequético. 7. ed. Paulinas: São Paulo, 2010.

FARIA, Dom Paulo Lopes de. **Catecismo da Bíblia**. 27.ed. Paulus: São Paulo, 2008.

GRUEN, Wolfgang. **Pequeno Vocabulário da Bíblia**. 15. ed. Paulus: São Paulo, 2008.

MESTERS, Carlos. **Os dez Mandamentos, ferramenta da comunidade**. 13. ed. Paulus: São Paulo, 2008.

MACCARI, Natália. **Os símbolos da Páscoa**. 9. ed. Paulinas: São Paulo, 2010.

_____. **Vivendo e convivendo**. 15. ed. Paulinas: São Paulo, 2009.

NASSER, Maria Celina Cabrera. **O Uso de Símbolos**. Paulinas: São Paulo, 2006

O FENÔMENO RELIGIOSO. **Cadernos Catequéticos Diocesano nº 7**. Diocese de Osasco. 4. Ed. Paulus: São Paulo, 2011.

OLIVEIRA, Ivani; MEIRELES, Mário. **Dinâmica para vivência e partilha**. 3.ed. Paulinas: São Paulo, 2010.

PASSOS, João Décio. **Ensino Religioso**: Construção de uma Proposta. 1. ed. Paulinas: São Paulo, 2010.

SITES

http://www.amop.org.br

http://ensinoreligioso.seed.pr.gov.br

http://bloguinhodoceu.blogspot.com

http://www.cantodapaz.com.br

http://www.cancaonova.com.br

http://www.portalcatolico.org.br

http://www.conic.org.br